AF242280

QUE DOIT-ON PENSER

DES ÉVÉNEMENS DE LYON

ET DU DÉPARTEMENT DU RHONE en 1817?

QUE DOIT-ON PENSER

Des Evénemens de Lyon et du Département du Rhône en 1817 ?

A-T-ON RAISON

D'ATTAQUER EN CALOMNIE

M. LE COLONEL FABVIER ?

Tant de fiel entre-t-il dans l'ame d'un soldat !

Par F. J. N. D., ancien Magistrat.

A LYON;

Chez Guyot Frères, grande rue Mercière,
N.º 39, aux Trois Vértus Théologales.

1818.

QUE DOIT-ON PENSER

Des Evènemens de Lyon et du Département du Rhône en 1817 ?

A-T-ON RAISON

D'ATTAQUER EN CALOMNIE

M. LE COLONEL FABVIER ?

En voyant depuis quelque temps la fureur avec laquelle les Ecrivains d'un certain parti inondent la France de pamphlets et de libelles diffamatoires, on serait tenté de croire que le génie du mal plane encore sur notre malheureuse patrie. En vain le Souverain, cherchant à ramener les principes d'honneur et d'équité, voudrait-il mettre un frein à cette licence scandaleuse ; sous l'égide de la liberté de la presse dont ils abusent, ces insectes littéraires ne cessent de bourdonner, et s'efforcent à embarrasser sa marche. Leur but, on ne peut l'ignorer, serait d'exciter des divisions, de perpétuer des haines, et d'étouffer la vérité par des mensonges et des calomnies les plus révoltantes; quoique le mépris soit attaché à tout ce qui est vil, ils le bravent et veulent satisfaire leur funeste penchant. Partout où ils voient renaître la paix et la confiance ils vont secouer les brandons de la discorde , et chercher à entretenir cet esprit de révolte et de défiance par qui sont venus tous les maux qui nous ont frappés depuis plus de vingt-cinq ans. On doit penser qu'avec de tels agens , ils ne pourront manquer de se faire des prosélytes , chez ces hommes vicieux de la révolution , accoutumés au relâchement de tous principes de morale. Parmi les exemples récens les plus scandaleux que nous ayons en ce genre de production , on peut , sans prévention , assigner le premier rang aux deux pamphlets qui ont paru successivement , sous le titre : *De Lyon* , *en* 1817.

Que l'Auteur, M. le colonel Fabvier , ayant fait ses preuves sous les beaux jours de l'Usurpateur , prenne aujourd'hui , pour éblouir la multitude , le titre fastueux de Chef d'Etat-Major de M.^{gueur} le duc de Raguse , qu'il prétende être investi de l'honneur et de la considération attachés au mérite , pour avoir joué un rôle sous toutes les dominations qui ont gouverné la France ; que depuis vingt ans , en bon pilote , il ait constamment suivi les vents qui changeaient si fréquemment , sans avoir jamais fait naufrage ; cette conduite , si elle n'est pas distinguée et noble , est au moins assez adroite ; mais elle n'étonnera pas plus que toutes ses déclamations , pour nous prouver qu'aujourd'hui il est sincèrement attaché à la

cause des Bourbons. Cet attachement, au surplus, ne peut pas tirer à conséquence.

Car, en supposant qu'il fût sincère, il ne
remonte pas à plus de trois ans ; c'est-à-dire,
depuis les batailles de Waterloo et de Mont-
Saint-Jean. Cette versatilité doit cesser d'éton-
ner, puisqu'elle est généralement assez commune. Nous voyons tant de gens changer de
parti suivant les circonstances, se ranger tantôt
du côté de la Rose rouge, et tantôt de celui de
la Rose blanche, que M. Fabvier a bien pu
encenser plusieurs idoles, sans que nous en
soyons surpris, et parcourir le chemin de l'er-
reur quoique guidé par le flambeau de la raison.
Il a eu des vues qu'il ne m'appartient pas
d'éclaircir, aussi ne me permettrai-je là-dessus
aucune réflexion.

Mais, qu'après les troubles qui ont éclaté
dans le département du Rhône au mois de juin
1817, le même M. Fabvier se persuade que,
pour être venu en mission à Lyon, sous les
ordres de M. le duc de Raguse, lequel était
chargé de venir reconnaître quels étaient les
véritables auteurs de la conspiration qui avait
été déjouée depuis peu de temps ; que M. Fabvier, dis-je, n'ait vu dans ceux qui en faisoient
partie, que de pauvres gens qui n'avaient pour
but innocent, que le pillage, et pour résultat,
que le renversement du Gouvernement ; que

par une bizarrerie inconcevable, le tocsin ayant sonné simultanément dans plus de vingt Communes ; que sur plusieurs points du département, cinq ou six cents bandits armés, non de seaux d'eau (quoi qu'en dise bénignement M. Fabvier, dans son premier libelle), mais bien de fusils, pistolets, sabres, fourches, aient proféré des cris de révolte, aient arboré la livrée de la terreur, aient maltraité des curés en fonction, aient pillé des propriétaires obscurs, se soient permis d'emmener en ôtage le maire de Charnay, en le menaçant à chaque instant de le fusiller ; et enfin, aient saccagé des presbytères ; que tous ces faits paraissent chimériques aux yeux prévenus de M. le Chef d'Etat-Major, malgré les nombreux témoins ou coupables ou innocens, je le veux, qui comparaissaient devant la Cour prévôtale ; malgré l'arrestation de trois cents rebelles pris les armes à la main ; enfin, malgré l'aveu de toutes les autorités civiles et militaires. Voilà qui étonne tout Français qui aurait pu supposer de la droiture dans les intentions de M. le Chef d'Etat-Major ; tant de raisons portaient à avoir cette opinion, qu'on s'y laisse entraîner malgré soi. M.^{gneur} le duc de Raguse devait encore nous y raffermir, mais on a bientôt été cruellement détrompé. Ce grand dignitaire, s'en rapportant trop facilement à un homme qui lui présentait les mensonges sous les couleurs les plus séduisantes de la vérité , a donné dans le piège sans s'en apercevoir. Ce qui a dû épouvanter l'imagination , c'est de savoir qu'il a cru, dit-il sincèrement, que la conspiration de Lyon au mois de juin 1817 , et qui éclata sur plusieurs points du département du Rhône , avait eu pour auteurs ceux - mêmes qui , au péril de leur vie , ont empêché que l'incendie ne se soit manifesté d'une manière plus terrible. Ils n'ont , dit-il ; cherché qu'à faire des dupes , et bientôt des victimes ; la disette des subsistances aura été leur prétexte , et enfin tous les moyens leur auront paru légitimes , pourvu qu'ils aient pu satisfaire le barbare plaisir de perdre de malheureux pères de famille. Quoi ! les Canuel , les Chabrol , les Defargue , les Godinot , les Deshuttes et tant d'autres fonctionnaires aussi respectables , auront été les agens de ces troubles , les instigateurs à la révolte? Ils auront armé un Garlon , un Lepin , un Oudin, un Valençot, un tas de gens perdus de dettes et de crimes , pour faire commettre le meurtre et la dévastation , afin de se donner du relief aux yeux trompés du Gouvernement, et en obtenir des récompenses? Quelle singulière logique vous développez M. le Chef d'Etat-Major ! Lorsqu'une douzaine de conspirateurs auront subi le juste châtiment dû à leurs crimes , la terreur aura régné dans toutes les campagnes ; le villageois épouvanté , aura quitté ses travaux pour s'en fuir dans les bois ; la Cour prévôtale sera qualifiée de Tribunal de sang pour avoir, dit-on, traité avec la plus grande rigueur les prétendus conjurés qu'elle envoyait chaque jour à la mort, ou qu'elle condamnait à la déportation ; les prisons regorgeront de malheureux des deux sexes, qui en vain demanderont à être mis en jugement, et ne pourront obtenir cette faveur ; pour que les images deviennent plus rembrunies, le fatal tombereau parcourrera les communes rurales, et y portera l'épouvante et l'horreur. Le temple de Thémis ne sera plus qu'une arêne, où l'innocence aux abois sera livrée au fer de la vengeance. Voilà la touchante complainte que M. le colonel Fabvier nous avait fait entendre la première fois dans ses trente-deux pages.

L'indignation et le mépris furent les seuls sentimens qu'il inspira aux honnêtes gens. On se demanda quel était ce Matamore, armé d'audace et de mensonge ? de qui il prétendait avoir reçu sa mission ? quel était son but ? à quels hommes il voulait faire sa cour ? (pour ceux-là il fut facile de le deviner ;) mais surtout comment il avait eu le front de venir démentir des faits dont cent mille individus avaient été les témoins ? comment il avait pris sur lui de nier les outrages dont plusieurs citoyens recommandables par leurs opinions avaient été les victimes ? enfin, comment il

pouvait opposer aux cris de fureur et d'anarchie, au son du sinistre tocsin qui retentirent
en même temps dans plusieurs communes du
département, des intentions bienveillantes de
la part de malheureux qui, la plupart, n'é-
taient armés que de seaux, pour aller éteindre
un incendie dans leur voisinage.

On l'avouera, la grossièreté de ces turpitudes
dut paraître ridicule à ceux même dont le
Colonel s'établissait le défenseur officieux. On
était disposé à l'abandonner à son triste destin,
et personne, j'en suis persuadé, n'aurait songé
à remuer ce bourbier d'inepties choquantes,
s'il n'avait pas menacé de lancer une réplique
virulente à ceux qui auraient la témérité de lui
répondre.

La forfanterie de M. le Colonel n'épouvanta
personne. Plusieurs brochures, ayant pour
auteurs des hommes respectables, parurent et
mirent dans tout son jour la sale histoire de
l'auteur de *Lyon en* 1817. Il y aurait eu une
sorte de loyauté de l'abandonner au mépris
public, dont il venait de se rendre justiciable
en se faisant imprimer, puisque les athlètes
qui le combattirent eurent toujours raison contre lui.

A vaincre sans péril, on triomphe sans gloire.

Bientôt on ne vit plus dans ce brillant chef
d'Etat-Major, qu'un manequin ridicule, mis

en avant pour servir les passions de quelques personnages puissans. On alla jusqu'à le plaindre d'être le plastron d'une cause que tout ami sincère de la monarchie devait désavouer, et, dès-lors, on croyait que cette leçon serait suffisante pour lui servir dans l'avenir. Mais à quels excès l'amour-propre ne peut-il pas porter même l'homme d'un sens droit ? à plus forte raison, qu'on suppose M. Fabvier en proie à cette passion ; chez lui elle devient un délire ; il sera facile de le juger sur nouveau fait, et de lui assigner le rang qu'il doit tenir parmi les énergumènes les plus furieux qu'ait enfantés notre révolution.

Enfin, on va le voir, M. le Colonel ; il se présente dans l'arène, plus terrible que jamais. Armé cette fois de soixante et douze pages, il attaque en brèche ses détracteurs, veut les forcer à la retraite, et les atterrer par la force de ses argumens. Suivant toujours son même système, indépendamment de ses auxiliaires, la mauvaise foi, le mensonge et la calomnie, il s'épaule encore de M. de S......: on voit qu'il connaît son monde. Ce nom de S...... devient un talisman redoutable pour lui ; M. le Colonel l'invoquera à chaque page, et certes, pouvait-il en choisir un plus recommandable à la faction dont il s'établit l'avocat ? Tout le monde sait les efforts que cet ex-lieutenant de police a fait pour déjouer la conspiration. On le voit abandonner la ville de Lyon cinq jours avant que les troubles de juin n'éclatassent, et revenir bientôt jouir, au milieu de ses adeptes, d'un triomphe bien pur, puisque aucun d'eux n'avait la moindre indiscrétion à lui reprocher, et qu'au contraire il avait tout fait pour servir leurs plus chers intérêts auprès du Gouvernement. Il eut bientôt la conviction du tendre attachement qu'il inspirait aux conspirateurs, (que M. Fabvier me pardonne cette expression qui doit lui paraître inconstitutionnelle) lorsque le trop fameux Valençot, paraissant devant la Cour prévôtale, déclara en termes positifs que, si le coup eût réussi, aucune autorité ni civile ni militaire n'aurait échappé, excepté toutefois M. de S...... qu'on aurait ménagé. Il n'est pas besoin, je crois, de commentaires, pour sentir toute la force d'une déclaration semblable, faite par un accusé prêt à subir le châtiment dû à ses crimes, et qui, dans ses derniers momens, n'a aucun intérêt à déguiser la vérité.

Quels terribles mystères cette Cour prévôtale n'a-t-elle pas éclaircis ? ne nous étonnons donc pas de l'horreur qu'elle doit inspirer à M. le Colonel : l'homme du mensonge peut-il supporter sans trembler les éclairs de la vérité ?

« Le sacrifice que j'ai fait , dit M. le Colo-
« nel ; a été pénible et plus long que je ne
« m'y étais attendu : j'en recueille le fruit
« aujourd'hui , etc. »

Cette candeur a vraiment quelque chose
d'aimable. Quel fruit a-t-il donc retiré de
cette méprisable brochure ? Cela est facile à
concevoir. Répandue gratis avec profusion dans
les campagnes , le moindre paysan a voulu
avoir son Fabvier , et a fait , sur cet ouvrage ,
les commentaires les plus libéraux. Ensuite ,
ces esprits égarés et amis des nouveautés et
surtout de l'indépendance , ont trouvé chez
M. le Colonel de quoi se perfectionner dans
ces principes purs , dont il leur donnait
l'exemple dans son précieux ouvrage. On voit
qu'il a le tact sûr , à en juger par l'engoue-
ment qu'excitent ses écrits parmi la canaille
révolutionnaire. Je lui en demande pardon ;
si c'est à cette classe d'hommes réprouvés
qu'il veut plaire , qu'il abandonne son épée ,
et qu'il n'ait désormais pour arme que sa
plume trempée dans le fiel ; elle sera , entre
ses mains , la lance d'*Argail*. Il aura toujours
les mêmes lecteurs et les mêmes partisans ;
alors il jouira pleinement du plaisir des
démons , de ce plaisir de faire autant de
mal que puisse le concevoir la méchanceté
humaine.

O brave Canuel ! aurais-tu jamais pensé
que le Colonel Fabvier rougirait de voir figurer
son nom à côté du tien ? à côté de ce nom
qui rappelle l'héroïsme, la valeur et la fidélité ?
Ah ! laisse au public honnête le soin de dé-
cider quel est celui des deux, ou de M. Fabvier ou de toi, qui devrait rougir. Ne sois
pas plus surpris que nous de sa conduite,
quand il nous parle modestement, avec ce ton
qui n'appartient qu'au génie qui sait mesurer
ses forces, de ses escalades sur les rochers
de *Diernstein*, de ses assauts donnés aux redoutes de la Moscowa, de ses exploits en
passant le Tage, le Danube, le Dniéper,
l'Euphrate, et enfin, de son sang versé dans
plus d'une occasion, excepté toutefois dans
celle que lui offrit le Colonel comte de
la Besse, dont il avait insulté le régiment,
et à la provocation duquel il ne répondit
que par une lettre pleine d'excuses. Monsieur le comte de la Besse vit avec plaisir
que le déclamateur à épaulettes n'était pas
tout-à-fait incorrigible, puisqu'il lui faisait une
concession, la plus soumise qu'on puisse attendre d'un pécheur converti. Il est vrai que,
fidelle au texte de l'Ecriture, qui dit que
ceux qui tireront le glaive, périront par le
glaive, M. le Colonel crut devoir ne pas se
conduire autrement ; c'était, comme on voit,
le seul port du salut pour lui. En se tirant

d'un aussi mauvais pas , on sentira que sa conduite ne fut pas celle d'un mal-adroit.

Cependant , toujours occupé de lui , il nous entretient sans cesse de sa chère personne , il nous dit « qu'il est homme et citoyen ; qu'il « savait, en prenant l'habit militaire , qu'il « contractait quelques devoirs de plus; mais « qu'aucune loi ne lui avait appris qu'il avait « perdu un de ses droits. »

Personne ne révoque en doute les droits de M. le Colonel comme homme et comme citoyen ; mais il ne lui appartenait pas de singer l'apôtre de l'humanité , et de s'ériger en censeur amer des actes d'une administration respectable , à laquelle était attaché, comme chef M. le comte de Fargues ; de signaler comme sanguinaires les arrêts d'une Cour prévôtale, qui n'a jugé que les lois à la main, et qui pouvait être plus sévère , si elle n'eût pas souvent fait céder au sentiment du devoir la pitié. Il lui appartenait encore moins d'attaquer la réputation d'un lieutenant - général, auquel le département du Rhône a de si grandes obligations , pour l'énergie qu'il a déployée dans les momens difficiles ; de calomnier les officiers de plusieurs corps qui avaient fait leur devoir, lorsque, quelque temps après, ce fanfaron de Colonel devait si mal faire le sien. Si cette conduite n'est pas l'oubli de tous principes d'honneur, elle annonce au moins le caractère d'un homme étrangement irréfléchi.

Oui, je le dis sans ménagement, il a manqué au gouvernement en donnant à son souverain, pour la vérité, tous les rêves d'une imagination en délire. Aurait-il donc voulu faire expier aux Autorités lyonnaises le mépris qui entourait la grande mission du mois de septembre dernier? Il aurait voulu sans doute qu'un voile de miséricorde couvrît les manœuvres exécrables des scélérats qui avaient sonné le tocsin du meurtre et du pillage ; et les hommes marquans par leur fidélité à l'épreuve, ne devaient plus être, s'il faut l'en croire, que les agens des troubles qui ont eu lieu dans le département du Rhône.

« On m'a appelé jacobin, buonapartiste, « c'est l'usage, dit-il. »

Eh oui, M. le Colonel, c'est l'usage lorsqu'on professe des principes subversifs de toute équité comme les vôtres ; et quand votre vie privée serait à l'abri de mériter ces odieuses épithètes, vous sembleriez en justifier l'application dans la circonstance.

Qu'on aime encore vous entendre régenter M. le comte de Chabrol, notre digne Préfet, éternel objet de regret pour ses administrés, dont sans cesse il s'occupa à faire le bien , et qui , plus qu'aucun autre , a concouru à déjouer la trame odieuse qui menaçait son département. S'il fallait vous en croire , on aimerait mieux penser « qu'il a été faible et entraîné , « que constamment relégué au fond de son « cabinet , il a dû ignorer le mal qui se faisait « sous son autorité , et qu'un peu de surveil- « lance aurait arrêté. »

L'application de ce reproche ne pourrait-elle pas se faire, avec plus de raison , à ce chef de mission envoyé à Lyon au mois de septembre , qui devait tout voir par lui-même , calmer toutes les passions , réparer tous les maux, et qui n'a rien fait de tout ce qu'il avait promis? Quel homme se laissa mieux prévenir contre le mérite , (à Dieu ne plaise que je veuille accuser ses intentions), et surtout se laissa circonvenir par tout ce qu'il y avait de vicieux en intriguans dans le département. L'audace des méchans , l'humiliation des bons , voilà le spectacle qui s'offrit aux amis du Roi , et dont les conséquences funestes ont laissé de tristes impressions. Que M. le Colonel cesse donc de me vanter le bien que son chef a fait parmi nous , à moins qu'il ne regarde comme une action bien méritante la destitution des magistrats qui avaient donné les preuves les plus éclatantes de leur fidélité

à la cause des Bourbons , et qui devaient bientôt être si mal récompensés.

Je reviendrai à vous , M. le Chef d'état-
major ; qui pouvait vous forcer à évoquer
l'ombre de M. le comte de Fargues pour
l'insulter comme vous le faites ? Quelles récri-
minations avez-vous à élever contre la mémoire
de ce magistrat intègre ? Les vertus , les bien-
faits dont sa vie fut l'exemple continuel ,
l'amour que lui portaient ses concitoyens , le
spectacle touchant de toute une ville en larmes
le jour que le trépas le ravit à ses administrés et à ses amis , l'hommage que dix mille
individus lui rendirent jusqu'au moment où
la terre allait recevoir ses dépouilles mortelles ,
l'éloge touchant et plein de sentiment que
vient de faire de lui récemment M. le Préfet ,
lors de l'installation de M. Rambaud , son
successeur ; voilà les graves considérations qui
auraient dû vous empêcher de l'insulter jusqu'après sa mort. Mais rien ne vous arrête
pour satisfaire votre fureur cruelle de calomnier. M. de Fargues, dites-vous, cédait à de
vaines terreurs , à de funestes conseils , et
vous nous donnez pour exemple de la versatilité de ses opinions politiques, la proclamation
qu'il fit placarder sur tous les murs de Lyon ,
le lendemain du jour que l'usurpateur entra
dans cette ville. Vous ignorez sans doute de

quels ménagemens il fallait user pour calmer l'effervescence de cinquante mille bandits qui formaient l'escorte de l'homme de l'île d'Elbe? Seriez-vous à savoir que les mots de pillage et de massacre s'étaient déjà fait entendre dans la nuit cruelle qui précéda le 11 mars, que tous moyens coercitifs devenant impossibles à employer, par suite de la défection des régimens, et par l'insuffisance de la garde nationale, M. le Maire fut obligé de rendre cet hommage public, que son cœur désavouait, au nouveau dominateur? ce qui ne dut pas peu contribuer, suivant toute apparence, à sauver la ville des horreurs du pillage dont elle était menacée. Mais que vous poussiez la noirceur jusqu'à faire dépendre la défection du maréchal Ney, et peut-être l'attentat du 20 mars, de la conduite que M. le comte de Fargues, en sa qualité de Maire de la seconde ville du Royaume, avait tenue; voilà qui étonne tous ceux à qui il reste quelque pudeur, et qui s'indignent de vous voir répandre à grands flots votre fiel sur la tombe d'un homme dont la mémoire sera gravée dans le cœur des honnêtes gens, tant que l'honneur, la vertu et la bienfaisance seront comptés, sur la terre, pour quelque chose.

Pierre Dumont, cet enfant de seize ans et demi, dont la condamnation a valu à M. le
Procureur

Procureur du Roi une si terrible apostrophe de la part de M. le Colonel, était bien tel que l'avait dépeint ce magistrat. En vain voudrait-il excuser l'attentat qu'il commit sur le curé d'Irigny, en faisant valoir son extrême jeunesse ; une action semblable aurait toujours été punie du dernier supplice, chez tous les peuples policés. Le caractère de l'homme qui fut couché en joue par ce jeune homme, ajoutait encore à la gravité de son attentat ; d'ailleurs, dans plus d'une circonstance, là loi, qui ne doit point être une violation de la nature, avait frappé des coupables de l'âge de Dumont, et dans la circonstance la Cour prévôtale voulut faire un exemple qui servît à une jeunesse effrénée, que la révolution avait familiarisée avec le crime, et qui avait pris une part assez active aux troubles du mois de juin.

Ce qui prouve que l'esprit de révolte avait atteint tous les âges de la vie, c'est que des enfans, plus jeunes que celui dont il vient d'être parlé, y avaient pris une part plus ou moins active, témoin un garçon de quatorze ans, de la commune de Charnay, qui eut l'audace d'appuyer un fusil, au bout duquel était une baïonnette, sur la poitrine du Maire, qui s'efforçait de monter au clocher pour empêcher que les insurgés ne continuassent à sonner le tocsin.

« M. le Colonel ne connaît point, dit-il,
« de classes obscures dans la nation française.
« Toutes ont brillé du même éclat, et, il faut
« l'avouer, la palme du patriotisme et de l'hu-
« manité demeure généralement à celles qu'on
« appelle inférieures. »

J'en demande pardon aux sentimens éminemment plébéiens de M. le Colonel ; dussé-je
me tromper, il me semble que ce langage
ne diffère pas beaucoup de celui qui reten-
tissait dans les clubs de 1793, et que les coryphées de ces heureux temps n'auraient pas
manqué de tirer tout le parti possible de cette
phrase de M. Fabvier, et d'autres à peu près
de même force. Il ne manque que les expres-
sions : *liberté*, *égalité*, *souveraineté du peuple*, et bientôt nous aurions un cours complet
de morale révolutionnaire.

Cependant c'est le même homme qui ne
rougit pas de parler de la terreur qui régnait
à Lyon, avant l'arrivée de M. le Maréchal
duc de Raguse. Qu'il nous explique donc,
nous l'en conjurons, ce qu'il entend par cette
expression : la terreur. Serait-ce, par exemple,
les mesures prises par l'autorité pour repousser
les bandes armées de Brignais, St.-Andéol,
St-Genis, Charnay, Bully, etc. et les empêcher de se porter sur plusieurs points, pour
exercer le plus saint des devoirs, le pillage

et le carnage ? Serait-ce l'arrestation des misérables qui saccagèrent les maisons du curé et de l'adjoint de Chessy, qui se dirigeaient, tambour battant, sur le château de M. le marquis de Chaponay pour en faire le sac ? les poursuites, quoiqu'infructueuses, faites contre les assassins de l'infortuné capitaine Ledoux ? la condamnation à des peines plus ou moins fortes de quelques factieux ? la mise en surveillance des instigateurs de la sédition ?. l'arrestation même de ceux qui paraissaient les plus dangereux, et ne cessaient d'exciter des troubles et de propager des nouvelles sinistres ? Ces mesures, dirai-je, auraient-elles choqué M. le Colonel, au point de le mettre dans le cas de divaguer ? Voilà en vérité ce que l'on serait tenté de croire, si l'on ne savait qu'en fait de révolution, il a beau nous parler de modération et d'oubli, il y a toujours du vieil homme chez cet officier.

J'aime encore, continuant toujours son même système de déclamation contre M. de Chabrol, lui voir faire un crime à ce Magistrat, « d'avoir » publié qu'il voyait avec plaisir le contre-ordre » qui faisait rester les Suisses à Lyon ; que » cette troupe était préférable à toute autre ; » que son régime militaire et la terreur qui le » suit, étaient le seul moyen de contenir la » canaille révolutionnaire. »

Rien n'est plus naturel que la bonne opinion qu'avait des Suisses M. le Préfet ; ils avaient donné si souvent des preuves éclatantes de leur fidélité , que la nation française , surtout depuis la journée du 10 août , doit les regarder comme ses enfans adoptifs ; personne ne doute, avec ce magistrat, que le 8 juin, leur concours n'a pas peu contribué à en imposer aux factieux qui devaient commencer leurs exploits par surprendre la caserne de leur régiment ; mais la bonne contenance de celui-ci les paralysa , et ils n'osèrent pas se hasarder à aller plus avant.

Il m'est pénible d'avoir à donner, à chaque page ; des démentis à M. le Colonel , qui pourtant se proclame l'apôtre de la vérité ; jamais le culte de cette divinité ne fut plus mal servi que dans le roman de cet officier.

Dans les temps de calme et de confiance , on tira sur les prisonniers en six semaines de temps , quatre fois dans la même prison. Voilà ce que dit M. Fabvier ; et cependant, cette scène , dans les prisons de Roanne et de Saint-Joseph , ne s'est répétée en tout que trois fois. Je ne chercherai point à approuver une action au moins blâmable, si elle n'est pas condamnable ; mais je dirai , pour l'excuse des factionnaires qui tirèrent sur les prisonniers, que ce n'est qu'ensuite de menaces, de provocations, et même de pierres qui leur furent jetées par les fenêtres, qu'ils eurent recours à cette voie extrême. D'ailleurs, telle était leur consigne; s'ils tirèrent des coups de fusil qui blessèrent quelques individus, ceux-ci avaient tout fait pour s'attirer ce châtiment, qui, en toute autre circonstance, n'aurait dû leur être infligé que par les lois. Mais tout cela ne prouve pas que l'humanité fût violée à l'égard des détenus, et, comme l'ajoute M. le Colonel, qu'ils fussent privés des secours les plus essentiels à la vie. Loin de là, toutes les personnes qui voulurent exercer des œuvres de bienfaisance dans les prisons, en eurent toujours l'accès le plus facile.

Le rapport du Lieutenant de police Eymard, ne sera pas la source où j'irai puiser pour rencontrer la vérité; tout ce qu'il dit sur le régime des prisons n'est pas plus vrai que les assertions de M. le Colonel. Que le nombre des détenus pour avoir pris part à la conspiration, ait été porté à deux cents, il y a, je le crois, exactitude dans le fait; mais, qu'il n'ait jamais été tenu de registres d'écrou pour constater l'entrée et la sortie de ceux qu'on déposait à l'hôtel-de-ville, que cette irrégularité eut pour auteur principal M. le Maire, qui s'était plus spécialement occupé des suites de l'affaire du 8 juin; que plusieurs détenus aient été mis au secret sans être interrogés , et ce , pendant plus de trois mois ; que les Barbier , Volozan , Vernay , Favier et autres aient été emprisonnés dans les mêmes caves de l'hôtel-de-ville avec les autres conspirateurs , auxquels ils pouvaient communiquer réciproquement les interrogatoires qu'ils avoient subis , les réponses qu'ils avaient faites , et celles qu'ils devraient faire par la suite ; enfin , que cette menée ait été dirigée par les agens de l'autorité pour perdre un plus grand nombre d'individus , voilà encore , n'en déplaise à M. le lieutenant de police Eymard , un conte auquel personne ne croira ; parce qu'indépendamment de ce qu'il n'a pas ombre de vraisemblance , on sait que M. le Maire et les agens qu'il employait , usaient de moyens plus loyaux pour rechercher et découvrir la vérité.

« Dans les temps de calme et de confiance » (expression favorite de M. le Colonel) , per- » sonne ne se voyait , dit-il ; le spectacle était » abandonné par crainte des scènes qu'on n'y » voyait que trop souvent pour des motifs po- » litiques. » Et plus loin : « La tristesse , et » sur-tout la défiance étaient peintes sur toutes » les figures ; car on se voyait entouré de » pièges. »

Peut-on mentir plus impudemment ! Personne ne se voyait, les spectacles étaient déserts : cela est vrai, M. le Colonel, sous un certain rapport ; on se faisait scrupule de ne pas voir avec plaisir des fédérés, des signataires de l'acte additionnel, des hommes qui avaient fait le voyage de l'Ile d'Elbe, d'autres qui avaient pris une part plus ou moins active aux derniers événemens ; et enfin, ceux qui manifestaient ouvertement des opinions aussi révoltantes que les vôtres. Mais le spectacle n'en n'était pas moins fréquenté et aussi brillant qu'à l'ordinaire, quoi que vous en puissiez dire ; et si quelquefois il a été troublé, c'est par les déclamations et les vociférations de quelques coryphées des cent jours, que l'on mettait à la porte, mais que le plus souvent on méprisait ; lorsqu'ils n'étaient que hargneux ; la police a eu occasion, il est vrai, d'user parfois de ses droits, mais aucun acte de violence n'a eu lieu, je le répète, dans les réunions nombreuses.

Des spectacles, suivant toujours son système de divagation, M. le Colonel, nous parle encore de M. de S..... qui s'est chargé dans le temps de faire connaître les diverses polices et les pièges tendus par ses agens. Si cet ex-lieutenant a mis au jour les iniquités prétendues de ses antagonistes, l'opinion publique depuis long-temps a aussi assigné à M. S....

S. . . . . la place qu'il doit avoir parmi les intrigans qui ont joué un rôle dans notre Révolution depuis 1793. Chacun connaît l'historique de ce singulier personnage ; on n'avait pas besoin contre lui des faits antérieurs aux événemens qui précédèrent le 8 juin : tant de plumes habiles ont déjà tracé son portrait, que je ne me permettrais pas d'y rien ajouter ; si quelqu'un n'était pourtant pas bien convaincu de ce dont il est capable en fait de calomnie et de perfidie, je le renverrais à la lecture de son fameux mémoire justificatif, où il attaque tout ce qu'il y a de respectable et de recommandable dans la ville de Lyon et le département du Rhône, sans pourtant qu'il puisse détruire l'impression profonde qu'a faite sur le public la déclaration que fit dans le temps à son sujet le conspirateur Valençot à la Cour prévôtale.

Mais, revenons à M. le Colonel ; il persiste à critiquer l'Administration intérieure de la ville de Lyon qui, selon lui, présentait les plus graves abus ; on voit bien où il en veut venir, c'est encore pour lancer un brûlot à M. le Maire. Ah ! monsieur Fabvier, soyez moins passionné. Tous vos traits s'émoussent devant une réputation, comme celle de M. Defargues. Je ne puis croire, sans vous connaître, que jamais votre réputation soit aussi recommandable que la sienne ; et que sur votre tombe, vous receviez des témoignages d'amour aussi flatteurs que ceux que lui ont prodigués ses concitoyens à ses derniers momens. Cessez, puisque vous êtes méchant, de troubler la cendre des morts ; cette action ne saurait passer pour loyale, parce vous savez bien qu'on ne peut répondre contre vous pour M. Defargues, que par l'indignation publique.

Où régnaient donc, selon vous, les abus de l'Administration de Lyon ? Vous ne direz pas comment en 1817 les centimes additionnels pour les propriétaires de la ville de Lyon ont été portés à 103, dont partie votée pour six ans. Oh ! non, vous ne le direz pas, parce que vous êtes de mauvaise foi. Cette mesure prise par l'Administration, a été commandée par l'impérieuse nécessité.

Si vous aviez été à sa place, comment auriez-vous comblé le déficit de cinq ou six millions occasionné par le séjour des troupes françaises en 1814 et 1815, par celui plus onéreux encore des troupes étrangères, à la suite de deux invasions ? Comment auriez-vous acquitté les taxes dont elles frappèrent cette ville ? Comment auriez-vous pu satisfaire au payement des folies commandées par l'usurpateur pendant les cent jours, afin de tenir Lyon sur un pied formidable, en établissant par-tout des redoutes , des tranchées ; en dévastant des propriétés pour faire l'essai de ses ridicules projets, sur lesquels renchérissait encore la faction indépendante de ce temps-là ? Enfin, dites-moi encore, comment se seraient payées les dettes contractées par la Ville envers des particuliers ? Avant de blâmer, il faut être sûr de son fait ; sans quoi, l'on court le risque d'être démenti sans ménagement. En vain taxeriez-vous d'inconstitutionnels les arrêtés pris par l'Administration ; si elle a passé sur les formes, c'est qu'on ne peut pas les observer envers un ennemi vainqueur qui commande, et ne souffre aucune objection.

« Je n'aurais jamais parlé de M. le comte de
» Fargues, ajoutez-vous, si ses amis ne lui
» avoient rendu le mauvais service d'insulter
» à ceux qui blâmaient son administration. » Le premier reproche qu'on peut vous faire, c'est d'avoir sans mission cherché à diffamer ce Magistrat recommandable. On ne vous a point répondu par des injures, mais on vous a répliqué par des faits ; et, vous appartenait-il de vous acharner contre M. Defargues avant comme après sa mort, de le désoler de vos diatribes, de le noircir de vos calomnies ? Voilà ce que l'autorité chargée de redresser les torts des gens qui en agissent comme vous, aurait pu empêcher, une première fois. Mais l'impunité vous a rendu plus audacieux, sans vous rendre

plus équitable dans les jugemens que vous portéz, puisque dans votre lâche vengeance, vous poursuivez votre ennemi jusques dans la tombe. Suivez toujours les mêmes errémens, mais soyéz persuadé que jamais l'opinion éclairée du public ne sera pour vous.

Comme dans votre système de déclamation, vous devez suivre toujours la même marche, vous ne pourriez oublier sur-tout l'arrondissement de Villefranche. « Tous les hommes in-
» vestis du pouvoir simultanément, dites-vous,
» ont porté en peu de temps l'arbitraire et les
» vexations à l'excès. Il me faudrait un volume
» pour retracer tous les faits qui m'ont été
» fournis. L'arrondissement de Villefranche a
» été le plus maltraité. Si on n'avait retenu les
» habitans, ils seraient venus en masse, porter
» leurs plaintes lors de l'arrivée du Lieutenant
» du Roi. »

Ici, vous n'allez plus mentir ni calomnier seul. Un homme, dont la conduite politique, comme la vie intrigante sont le scandale de l'arrondissement de Villefranche, doit être celui par qui vous recevrez vos éclaircissemens, et sans doute il travaillera de compte à demi à votre libelle ; on connaît toute la droiture de ses intentions, il en a donné de touchans témoignages pendant le séjour à Lyon de M.^{gneur}

le maréchal duc de Raguse. On sait combien les notes qu'il lui a fournies sur plusieurs de ses compatriotes sont fidèles ; c'est lui qui a signalé à ce grand dignitaire l'Administration malfaisante de Villefranche, et qui a obtenu par son crédit de la faire révoquer. C'est lui qui a fait sortir de leur retraite une foule d'individus ignorés, et les a présentés au Maréchal, comme des victimes des ennemis de l'indépendance. Enfin, c'est par lui que des misérables, le rebut de l'espèce humaine, qui n'étaient connus que par leurs malversations et leur déloyauté, ont acquis une sorte de célébrité. Aussi, combien de droits n'a-t-il pas à la reconnaissance de tout ce que l'arrondissement de Villefranche renferme d'hommes vicieux ! Son nom est proclamé par eux avec un saint respect. Jeune encore, il a toute la confiance de la secte indépendante, qui le regarde comme un docteur en matière de révolution. Au reste, ses opinions se sont toujours assez bien accordées avec les circonstances ; quoique très-fougueux au commencement de 1814, malgré qu'il voulût faire armer les hommes de tous les âges de la ville et de la campagne pour marcher contre les troupes étrangères, il ne s'en humanisa pas moins au retour des Bourbons, et manifesta momentanément de l'attachement pour cette auguste famille. Autre temps, autres mœurs ; il reprit bientôt son naturel porté pour le libéralisme tricolore , au retour de l'usurpateur. Le culte qu'il voua à l'homme de l'Ile d'Elbe, alla jusqu'à l'enthousiasme ; on sait bien qu'il obtint une récompense flatteuse pour prix de son dévouement. Il siégea dans la Chambre des députés des cents jours ; chacun sait encore de quelle manière il se signala dans cet antre de révoltés ; il fut un des déclamateurs les plus ardens ; il demanda à cor et à cri Napoléon II. Vains efforts ! Il revint à Villefranche nourrir de nouvelles espérances pour un meilleur avenir. Mais , d'un caractère mobile et remuant, sa conduite réveilla d'abord l'attention de l'autorité , qui s'en tînt pendant quelque temps à avoir l'œil sur lui. Mais bientôt après , des ordres supérieurs furent signifiés différentes fois à M. le comte de Montrichard alors sous-préfet , pour le faire arrêter ; ce Magistrat , loin d'user de son pouvoir , prit sur lui de suspendre cette mesure de rigueur ; et se contenta de faire des observations bienveillantes à un homme qu'il croyait susceptible de retour. Il reçut même de lui les protestations du plus sincère repentir ; le plus clairvoyant aurait pu s'y méprendre.

Eh bien ! une action aussi loyale a valu à M. le Sous-Préfet une dénonciation virulente adressée à M. le Maréchal de la part de cet homme ; et bientôt après , sa destitution.

Que l'on juge, d'après cet exposé , de la confiance que doit inspirer M. le colonel Fabvier , lorsqu'il est l'écho de son correspondant de Villefranche. Voici encore une nouvelle preuve de sa véracité , que l'on retrouve dans l'exposé suivant !

« Le Conseil municipal entier , composé
» des hommes les plus recommandables , le
» Maire , M. Desarbres , le Président, le Pro-
» cureur du Roi, tous les Officiers de la garde
» nationale , les Percepteurs, et jusqu'aux Va-
» lets-de-ville , ont tous été destitués et rem-
» placés , sur les simples dénonciations d'un
» Comité , dans le sein duquel le Curé s'est
» rendu en vain pour l'engager à se dissoudre,
» et laisser en paix la contrée , et dont les
» membres se sont emparés des places. »

Le Conseil municipal ne fut point renouvelé en entier. Quinze membres sur trente furent nommés pour remplacer des morts, des absens , des faillis ; cinq ou six connus par leur exagération en furent exclus. Ces derniers eux-mêmes se rendaient justice, puisque depuis long-temps ils n'assistaient plus aux séances. Le Maire , M. Desarbres , chéri de ses concitoyens (c'est la seule fois que la vérité échappe à M. Fabvier malgré lui), ne fut point destitué ; mais après avoir donné plusieurs fois sa démission, elle fut acceptée au grand regret de ses amis, c'est-à-dire de toute la ville. Il reçut même de M. le comte de Chabrol une lettre qui lui exprimait tout le regret qu'il avait de voir la ville de Villefranche privée d'un Magistrat aussi recommandable et aussi éclairé. Une telle conduite ne ressemble en rien à la brusquerie d'une destitution.

Le Président, le Procureur du Roi, (il aurait dû ajouter le Juge instructeur), furent également destitués. La cause en est assez connue pour qu'on ne doive rien trouver de bien extraordinaire dans cette mesure, qui d'ailleurs était générale dans tout le Royaume. Il ajoute : les officiers de la garde nationale furent remplacés. Tous ne furent pas disgraciés ; on n'éloigna, au surplus, que ceux qui ayant été nommés pendant les cent jours, s'étaient permis de faire une réforme de tous les officiers et sous-officiers qui n'étaient pas à la hauteur des circonstances. Ce ne sont pas mieux les dénonciations partant de cette ville qui ont pu entraîner la révocation du percepteur à vie, puisque son successeur, originaire de Lyon, habitait Paris, et était tout-à-fait étranger à l'intérêt qu'on pourrait supposer lui

avoir été porté par des citoyens de Villefranche. Le droit de remplacer les secrétaires des
administrations et les valets-de-ville, apparte-
nant aux Maires, il ne fallait pas charger le
prétendu Comité de cette réprobation. Ce
Comité remue furieusement la bile de M. Fabvier : il était le foyer de toutes les dénonciations qui ne se faisaient qu'en vue d'obtenir
des places. Mais l'intervention de M. le curé,
qui conjure cet affreux Comité de se dissoudre
et de laisser en paix la contrée, est une de ces
absurdités auxquelles on ne peut ajouter la
moindre confiance ; et puis M. le curé savait
bien qu'il n'avait pas besoin d'interposer sa
médiation pour remettre la paix dans une
société composée des principaux Magistrats
de la ville, et d'autres citoyens paisibles qui
n'auraient jamais cherché à troubler l'ordre
public.

Il faut que M. Fabvier sache que l'ecclé-
siastique respectable, qu'il met si mala-
droitement en jeu, a vu avec indignation,
son nom souillé par la citation qu'il en fait
dans sa brochure. Il nie tous les faits men-
songers qu'on lui prête, et bientôt les jour-
naux feront connaître le démenti formel qu'il
donne à un homme dont les éloges ne pour-
raient, au surplus, que l'humilier.

Ainsi, il est aisé de juger que la réunion
que

que M. Fabvier appelle Comité, (sans doute parce qu'il se rappelle encore ceux de 1793 et de l'interrègne) ne dénonça jamais personne, ne fit le moindre outrage à qui que ce soit, et qu'au contraire, elle montra un esprit de tolérance qui ne s'accorde point avec les suppositions que l'on fait sur son compte, puisqu'elle admit dans son sein trois fédérés huppés de la ville, qui annonçant qu'ils étaient venus à résipiscence, y furent reçus sans difficulté. Les grands mots : *union* et *oubli*, n'étaient pas écrits au-dessus de la porte de la salle, mais ils étaient gravés dans tous les cœurs, et jamais on n'eut à se plaindre des principes que l'on manifestait dans ce lieu. Il a fallu sans doute toute la méchanceté de l'homme perfide qui a servi de souffleur au Colonel Fabvier, pour accréditer de pareilles calomnies, qui ne peuvent, au surplus, faire impression que sur l'esprit prévenu de la canaille.

Il est de toute fausseté, et M. le chef d'état-major en a grossièrement menti quand il nous dit que, lors de la bénédiction des drapeaux de la garde nationale, les nommés Lejay, Sandélion et Bérujat cadet, ont été frappés à coups de sabre ; que leur sang avait coulé sur la place publique, parce qu'ils n'avaient pas fait éclater leurs transports assez haut, quand le cortège avait défilé. Aucun excès de ce genre ne troubla cet heureux jour, consacré à l'allégresse publique. Quelques gendarmes seulement se permirent de repousser, un peu brusquement, des gens qui, avec mauvaise intention, voulaient obstruer le passage ; mais personne ne fut blessé, même le plus légèrement possible. Ce qu'il y a de bien extraordinaire dans les rapports du déclamateur, c'est qu'il parle de tous les faits qui se sont passés à Villefranche et dans l'arrondissement, avec une assurance qui ferait présumer qu'il a dû en être le temoin, si l'on ne savait pas qu'il n'est que l'écho du député des cent jours. Personne n'a montré plus de surprise que les sieurs Sandélion et Bérujat, lorsqu'ils se sont vu appliquer un fait qui leur est tout-à-fait étranger : aussi s'empressent-ils de le démentir publiquement, et personne n'en est étonné, parce qu'ils ont des principes d'honneur et d'équité qui les engagent à repousser un mensonge aussi odieux.

Le lamentable récit qu'il nous fait des violences exercées sur la personne du nommé Ollier, par des soldats d'un détachement passant à Villefranche, au mois de juin 1816, est aussi brouillé avec la vérité que tout ce qu'il a rapporté jusqu'ici. Ce ne fût point un vieux coq que les soldats voulurent prendre pour un aigle, qui devint le sujet de l'arrestation d'Ollier, mais bien des propos qui se tinrent chez lui contre le gouvernement. Ollier, disait-on alors, avait facilité l'évasion des individus qui se permettaient ces propos, et il fut simplement conduit à la prison du corps-de-garde, où il passa la nuit ; mais on ne le menaça pas de le fusiller à Mâcon le lendemain, comme l'insinue le conteur, M. Fabvier, Ollier ne s'évanouit point, et ne songea pas plus dans le moment à demander un confesseur, sa femme et ses enfans, puisqu'il savait d'avance qu'il devait sortir de prison le lendemain matin, au départ du régiment, c'est-à-dire, sept ou huit heures après qu'il eût été arrêté. Une circonstance horrible, c'est que le déclamateur ajoute, (toujours d'après les notes qu'il a reçues de son correspondant de Villefranche) que le lendemain Ollier fut couché sur le parapet du pont, dépouillé, battu, que son sang coula, et qu'aucun magistrat n'éleva la voix en sa faveur, quoique deux mille témoins se présentassent. Le père de famille que l'on met en jeu dans cette circonstance, ne peut que rire de pitié, quand il voit, heureusement pour lui, qu'il n'a été maltraité que par les mensonges de M. Fabvier, ou de son ayant cause (1).

____

(1) Lorsqu'il ajoute que l'officier qui s'est rendu

Les couleurs qui dominaient sur l'enseigne du bureau à tabac de l'ex-maréchal-de-logis Jollivet, n'ont point été le prétexte de son arrestation, mais bien les conciliabules qui se tenaient dans sa maison, servant de rendez-vous à tous les malveillans qui venaient recueillir des nouvelles.

Cette belle lettre de M. l'ex-chef de bataillon Perroud, que l'on a reconnu avoir eu pour rédacteur le grand meneur de la cabale de Villefranche, ne prouve rien en faveur de cet officier. Son arrestation n'a point été un acte arbitraire qu'on ait pu reprocher à l'autorité de Villefranche. Chacun sait que l'ordre arriva de Lyon, où, disait-on, M. Perroud commit quelques imprudences qui lui valurent vingt-sept jours de prison. Ce n'était point au Président du Tribunal ni à son Greffier à s'informer de la cause de sa détention, et à lui rendre la justice qu'il réclamait, dit-il, sans pouvoir l'obtenir.

---

coupable d'un pareil attentat était passible de la peine capitale, il ne peut ignorer que ce détachement appartenait au 3.ᵉ régiment de la garde royale, dont M. Berthier de Sauvigny était le colonel, et qu'il n'aurait pas souffert qu'une action aussi atroce se passât impunément sous ses yeux. C'est à lui à refuter les infamies que M. Fabvier verse à pleines mains sur le corps respectable qu'il commandait.

Il avait été arrêté par mesure de haute-police, et il entrait dans les attributions de M. le Préfet seulement de faire droit à ces sortes de réclamations.

Le sieur Vélu, ajoute-t-il, est, dit-on, arrêté *pour avoir donné à son cheval un nom cher à tous les bons Français (le Cosaque) ;* il tombe malade de chagrin, on le met à l'hôpital ; mais chargé de fers.... *il meurt....* Qu'il est sensible, M. le Colonel ! Vélu n'est coupable que d'un délit, celui d'avoir donné à son cheval un nom cher à tous les bons Français (le Cosaque). Qu'il apprenne donc, cet homme de mauvaise foi, qu'il est ridicule de supposer qu'on eût pu priver de sa liberté un individu pour un fait semblable, mais que le misérable avait porté l'oubli de tout ce qu'il devait de respect à la personne sacrée de Sa Majesté, en donnant à son cheval le nom de Louis XVIII ; que ce même Vélu ne cessait de déclamer dans les cabarets contre le Gouvernement et son auguste Chef ; que plusieurs fois il avait proféré publiquement des cris séditieux ; et cependant pour des délits d'une nature aussi grave, il n'est resté en prison que vingt-cinq ou trente jours. J'affirme qu'il n'a point eu les fers aux pieds étant malade, qu'il n'est pas même allé à l'hôpital, par conséquent qu'il n'a pu y mourir ; et enfin, que ce n'est que trois ou quatre mois après qu'il a succombé à une maladie chez la dame Bottes sa sœur.

Trois personnes, dit-il plus loin, meurent dans les prisons, accusées à-peu-près de délits semblables ; les registres civils ne font mention que de deux voleurs qui ont succombé à l'hôpital à-peu-près dans ce temps-là.

Je dirai donc que jamais le sang n'a coulé à Villefranche, à moins que M. le Colonel compte pour quelque chose celui des deux frères Balmont et de Pierre Durand, voleurs à main armée, qui ensuite d'un arrêt de la Cour d'assises furent exécutés le 28 juillet 1817, sur la place du marché.

A l'égard des frères Bacheville, qui inspirent à leur apologiste un si touchant intérêt, ils étaient venus à Villefranche pour voir leurs parens ; ce n'est pas précisément un mobile aussi naturel qui les dirigeait. On les vit paraître plusieurs lundis de suite chez le nommé Duperret leur oncle, malgré qu'il leur fût défendu expressément de sortir du département de l'Ain, où ils étaient sous la surveillance des autorités de Trévoux. Ils avaient un but bien positif lorsqu'ils violaient leur consigne, c'était de venir entretenir les factieux de Villefranche, de l'espérance de voir bientôt arriver l'exilé de Sainte-Hélène.

La police sut qu'ils avaient distribué des proclamations incendiaires ; qu'ils parcouraient les lieux publics où ils parlaient avec la plus grande irrévérence du Gouvernement, et qu'ils étaient suivis de plusieurs individus fort mal notés. L'autorité dépêcha auprès d'eux un maréchal-des-logis de gendarmerie et le commissaire de police. Ils se rendirent au café du sieur Rivière où se trouvaient alors les frères Bacheville, pour les engager à exhiber leurs passe-ports. Sur le refus qu'ils firent de satisfaire à cette demande, ils furent sommés de se rendre à la Mairie ; mais loin d'obtempérer à cet ordre, l'aîné des deux frères tira un pistolet de sa poche, le mit sous la gorge du maréchal-des-logis, en lui disant qu'il n'avait pas d'autre passe-port, et le fit reculer. Dans le même instant le cadet fit la même contenance, et tous deux bravant l'autorité s'esquivèrent au milieu d'une foule de deux cents misérables qui facilitèrent leur évasion. Bientôt après, le même sous-officier et deux gendarmes montèrent à cheval, les poursuivirent, et les atteignirent au port de la Saône ; mais déjà les furieux étaient dans un bateau, à quatre pas de la rive, tous deux le pistolet à la main, et l'aîné tira deux coups de cette arme, dont l'une fit long feu, et l'autre faillit atteindre le maréchal-des-logis. Enfin ils parvinrent à échapper. La Cour prévôtale ne laissa point un pareil attentat impuni ;

les deux Bacheville furent condamnés par contumace , savoir : l'aîné, à la peine capitale , et le cadet , à une détention de plusieurs années.

Lorsqu'on se reporte au temps où cette scène se passa (c'était le 4 mars 1816) , on saura qu'elle n'était pas si étrangère aux événemens qui eurent lieu à-peu-près six semaines après, à Grenoble , que la police savait que les Bacheville entretenaient une correspondance , et avaient même des entrevues fréquentes avec le fameux Didier , qui porta bientôt après sa tête sur l'échafaud. Qu'on cesse donc de blâmer l'autorité d'avoir déployé assez d'énergie pour empêcher peut-être que la ville de Villefranche ne fut le théâtre du désordre et de l'anarchie.

Lorsqu'à la suite des troubles occasionnés par les frères Bacheville on envoya un détachement de vingt-cinq hommes à Villefranche ; cette mesure de prudence, prise par M. le Préfet, fut commandée par la nécessité. L'administration , à la tête de laquelle était M. Desarbre , le même qui est Maire aujourd'hui, n'employa point , comme le présume le déclamateur , de voies arbitraires pour le logement de ces militaires. M. le Maire , ses Adjoints , plusieurs Magistrats , et toutes les personnes connues par leur bonne opinion, méritant le moins de supporter cette charge qui ne devait frapper que les mal intentionnés , logèrent indifféremment pour faire taire les murmures de la malveillance. Au surplus, le séjour de ce détachement ne fut que de six ou sept jours.

J'ai dit plus haut que Duperret, oncle des Bacheville , avait eu des relations coupables avec ses neveux ; ce fut une raison pour laquelle il fut arrêté par ordre de M. le Préfet , qui était informé que cet individu distribuait des proclamations , annonçant le retour de l'usurpateur. A l'égard de Morel et Amiel , ils furent également arrêtés pour avoir suivi les Bacheville dans la journée du 4 mars , et avoir tenu les propos les plus séditieux. Amiel fut entendu par plusieurs personnes , et on le vit au moment où les Bacheville étaient aux prises avec la gendarmerie, annoncer qu'il voulait les délivrer des mains de ces brigands de gendarmes. Il est faux encore que ce dernier, ainsi que Morel et Duperret , vieillard de soixante et dix ans , aient fait partie de la garde nationale , on doit être persuadé qu'elle n'y aurait jamais souscrit, et qu'elle se serait fait scrupule de recevoir de pareils sujets dans son sein.

L'anecdote attribuée à M. Désorme, médecin à Belleville qui , lorsqu'il fut arrêté , subit un interrogatoire de la part de M. le Maire de

Lyon, est une calomnie qui tombe d'elle-même, parce que jamais personne ne croira que M. le Comte de Fargues fût capable de commettre un acte aussi arbitraire.

Je dirai encore au misérable libelliste qui entasse mensonge sur mensonge, qu'il est faux que des visites domiciliaires se soient faites durant la nuit dans les villes et les campagnes. Jamais la loi n'a été violée à cet égard dans les maisons particulières, et on a encore moins songé à enfoncer les portes. Lorsqu'il élève un pareil reproche contre le Maire et l'Adjoint de Grandris, je lui donnerai, ainsi que sa commune, un démenti formel que la moralité de ces fonctionnaires justifiera encore mieux que tout ce qu'on pourrait dire en leur faveur.

On a, ajoute M. Fabvier, désarmé plus de deux cents électeurs dans l'arrondissement de Villefranche; voilà encore une hyperbole poussée au dernier degré de l'extravagance. D'abord le tableau des élections ne donnait pas au commencement de 1817, ce nombre de citoyens faisant partie du collége. Je ne crois pas même qu'il s'élevât à plus de cent quatre-vingts, ou pour rapprocher l'opinion de notre bénin chef d'état-major, de la vérité, il aurait fallu nécessairement que tous les électeurs indistinctement fussent désarmés, et que, d'après son calcul, aucun ne fut épargné. Je crois qu'on peut se dispenser de faire des commentaires sur de si pauvres raisons ; le ridicule en a déjà fait justice.

Aucun individu faisant partie de la garde nationale de Villefranche n'a été désarmé , et en tout, cette mesure n'a frappé que vingt - sept personnes de cette ville, qui la plupart n'ont donné que de mauvaises armes qu'ils préféraient acheter , plutôt que de céder celles qui avaient quelque valeur.

Il fallait trouver une excuse aux officiers à la demi-solde et en retraite , pour l'indifférence qu'ils avaient montrée sur les événemens du 8 juin. « On les a accusés à tort , dit M. Fabvier, » de ne s'être pas présentés aux autorités ; pou- » vaient-ils plus que les autres Lyonnais deviner » qu'il y avait eu une conspiration ce jour-là ? » Le lendemain , quand on leur a parlé de » danger pour l'ordre public , ces nobles enfans » de la patrie , sont allés sans hésitation , sans » rancune offrir leurs services à leurs persécu- » teurs. »

Oh ! pour le coup étaient-ils bien de bonne foi ces Messieurs lorsqu'ils allaient offrir leurs secours tardifs à l'autorité ? Le lendemain où le besoin s'était fait entendre de toute part, quand des brigands armés parcouraient les campagnes, en proférant des cris d'anarchie et de pillage, quand les agens de l'administration avaient réclamé déjà leur assistance. Enfin, lorsque quelques-uns d'entr'eux (et j'ai du plaisir à n'avoir pas le même reproche à faire à la masse de ces militaires) avaient donné l'exemple de leur zèle en se mettant dans les rangs des braves, et en accourant par-tout où le danger se présentait, et où leur présence pouvait être nécessaire. Ces derniers ont-ils été persécutés ? Loin de recevoir des outrages de M. le lieutenant-général, et de toutes les autorités du département, sont-ils restés seulement sans récompense, et sans être recommandé à la bienveillance du Gouvernement ? Voilà les questions pressantes que j'adresse à M. le chef d'état-major, et auxquelles il ne peut pas même m'opposer son arme naturelle, le mensonge. Loin de là, les braves n'ont cessé d'être accueillis comme de bons Français que l'honneur avouait. Plusieurs ont été remis de suite en activité, et tous ont été récompensés plus ou moins bien, en raison des services qu'ils avaient pu rendre.

Mais, écoutons encore le déclamateur : « Des réquisitions de vin, de souliers, d'argent » avaient été frappées dans les campagnes, on » en est convenu. »

Cet exposé est encore faux sous plusieurs

rapports. Aucunes réquisitions autres qu'en com-
mestibles n'ont été faites ; encore avaient-elles
lieu, en évitant toujours les mesures arbitraires.
Les propriétaires eux-mêmes s'empressaient de
venir au devant des demandes qui pouvaient
leur être faites, et qu'ils regardaient comme
naturelles ; puisque les détachemens qui pas-
saient dans les communes, n'y venaient que
pour les protéger contre les incursions des brigands ; et que d'ailleurs, ils en faisaient seulement les avances, attendu que la répartition
devait en être faite par les Conseils munici-
paux au marc le franc des contributions. Il fallait bien que les détachemens se conduisissent
à la satisfaction des propriétaires riches, lorsqu'on saura que plusieurs d'entr'eux donnaient
la table et le logement de bon gré à ces braves
dont ils avaient besoin de l'assistance pour se
garantir du pillage dont ils étaient menacés. Je
le demanderai à celui qui censure toujours
d'aussi mauvaise foi, était-il possible de faire
délivrer l'étape à des soldats à pied et à cheval,
qui parcouraient nuit et jour les bois et les
montagnes ; qui, pour ne pas faire soupçonner
leurs démarches, s'éloignaient autant qu'ils le
pouvaient des habitations ? La volumineuse correspondance qu'il appelle à son aide, n'en di-
sait pas plus que ce que tout le monde connaît.
C'est qu'il n'y a point eu d'actes arbitraires tels
que ceux qu'il met en avant, et que jamais

l'ordre n'a été troublé sous le prétexte de réquisitions faites par les agens de l'autorité, soit
civile, soit militaire.

Que ce chef de bataillon Lafond et avec lui
plusieurs officiers à la demi-solde, après avoir
reçu des services et des marques d'affection de
M. le lieutenant-général Canuel, affectent aujourd'hui de le décrier ! Cet exemple d'ingrati-
tude cesse de surprendre, sur-tout dans un
siècle où l'honneur de cette sorte d'individus
n'est qu'en propos frivoles, et les vertus en déclamations ; mais que le premier ait renchéri
sur tous les autres, en débitant contre cet officier des horreurs dégoûtantes sur sa vie privée et sa conduite militaire. Ces indignités, il
est vrai, inconnues aux braves, sont heureusement assez rares pour qu'on n'ait pas à rougir
d'en avoir fréquemment à citer pour l'honneur
français. Lorsque M. Fabvier relève ce trait
qu'il voudrait lancer à son antagoniste le général Canuel, il ne sait pas que dans l'opinion
des honnêtes gens, il porte tout contre son
ami Lafond, dont les mérites au surplus sont
appréciés depuis long - temps à leur juste
valeur.

Non, je le soutiens, le général Canuel était
incapable, comme le suppose le déclamateur,
d'outrager d'une manière aussi infame les offi-

ciers qui s'adressaient à lui, en les recevant dans sa cour ou dans ses écuries. Il avait un peu trop le sentiment des convenances pour s'oublier à ce point là ; et je ne crois pas même que M. le Chef d'Etat-Major eût été reçu sur ce pied-là, si jamais il eût visité cet incivil général. Il ne serait point étonnant qu'il eût traité de brigandages les prétendus services rendus à la patrie. Par exemple, mettrez-vous de ce nombre les autres faits des bandes de furieux qui, pendant l'interrègne marchèrent contre M.^{gneur} le duc d'Angoulême, et voulurent attenter aux jours de ce Prince qu'ils forcèrent à se replier jusqu'au fond du Midi ? Rendaient-ils des services ces officiers qui se mettaient à la tête des plus vils bandits, parcouraient les campagnes du Dauphiné et du Languedoc, et y commettaient toutes les horreurs imaginables ; ceux qui couraient sur des soldats de la garde du Prince comme sur des bêtes fauves, et les faisaient massacrer impitoyablement ; voilà, sans doute, les hommes que le Lieutenant-Général devait mal recevoir, et accueillir avec mépris ; mais le mérite et l'honneur lui furent toujours respectables. J'en appelle à ceux qui l'ont connu plus particulièrement que moi, et ont pu le juger comme militaire et comme homme privé.

« Cent cinquante accusés ont été jugés par

» la Cour prévôtale. Presqu'aucun n'a échappé
» à une peine plus ou moins forte. » Je n'irai
pas plus loin : aucun n'a échappé. Le résultat pourtant n'a pas été aussi effrayant, quoiqu'en puisse affirmer le déclamateur. Sur
douze procédures, douze révoltés pris les armes
à la main, et les plus coupables ont été condamnés à mort, et onze seulement exécutés,
parce que le douzième recourut à la clémence
royale, et obtint une commutation de peine ;
trente-quatre à la déportation, quatre aux travaux forcés à temps ; enfin, cinquante - sept à
une détention de trois mois à cinq années. Ré-
capitulation : cent six condamnés.

Or, je le demande. Si dans les temps pros-
pères de l'usurpateur, la révolte eût éclaté dans
un de ses départemens avec des symptômes
aussi effrayans que ceux qui se manifestèrent
dans le nôtre les 1.er, 5 et 8 juin 1817 ; si
cinq ou six cents révoltés eussent arboré simultanément la couleur des lis , proclamé le renversement de son gouvernement , sonné le
tocsin , et enfin , eussent été pris les armes
à la main , n'en doutons pas , aucun n'eût
échappé à son ressentiment , jaloux de faire
respecter sa puissance , il eût sur le champ
organisé un tribunal spécial ; le régime militaire eût pesé sur toutes les communes séditieu-
ses. Des contributions extraordinaires auraient

frappé

frappé sur les plus riches propriétaires, qu'on aurait voulu rendre responsables de pareils événemens. Le deuil eût régné dans toutes les familles. Cependant, quelle différence de cette supposition, avec les conspirateurs de 1817 ! Ceux-ci, sortis des classes les plus abjectes de la société (j'en excepte toutefois les grands meneurs qui ont échappé à la justice), prennent les armes pour la plus horrible des causes (l'anarchie). Ils proclament la chute du gouvernement, et annoncent tantôt le retour de Napoléon, tantôt celui de la république. Leur marche est marquée par tous les excès qu'on peut attendre des brigands, le désordre et le pillage ; les temples ne sont point respectés, et des ministres des autels sont traînés dans les rues, menacés d'être tués, leurs presbytères sont pillés, des maires en fonction sont aussi indignement traités ; et cependant, M. le Chef d'Etat-Major crie à la terreur, lorsqu'on poursuit les auteurs de ces attentats, lorsqu'on les juge plutôt avec pitié qu'avec sévérité. Il ne voit que des victimes ; là où tout homme moins prévenu ou moins intéressé, ne verrait que des misérables dignes du plus pénible châtiment. On sera persécuteur pour avoir concouru à éteindre cet incendie qui pouvait consumer toute la France.

« Le pédant, voulant jouer la sensibilité,

» suppose que , par suite des jugemens rendus
» par la Cour prévôtale , cent cinquante fa-
» milles sont de suite retranchées de la société ,
» et quatre ou cinq cents enfans réduits à la
» misère et au désespoir , perdus par la
» mendicité , le vagabondage , et les vices
» qui en sont la suite. Une foule de parens ,
» de vieillards , privés de tout appui , sur le
» bord de la tombe , etc. »

Peut-on croire à des faits aussi extravagans ?
Quoi ! les cent cinquante-cinq individus , condamnés à des peines plus ou moins fortes , et
à des amendes , laissent quatre ou cinq cents
enfans réduits à la misère et au désespoir ?
D'abord , il faudrait supposer que les misérables qui ont été condamnés à des peines plus
ou moins fortes pour avoir pris part à la révolte , étaient tous pères de famille , avaient
une industrie , ou exerçaient une profession
qui les mettait dans le cas de donner la
subsistance à leurs enfans ; mais on sait
qu'au contraire , la plupart étaient des gens
sans aveu , des vagabonds , qui ne tenaient à aucune affection , et s'attachaient à ce
parti, comme ils se seraient jetés sur les grandes
routes pour y faire la guerre aux passans , si
cette occasion ne se fût pas présentée dans leur
espérance sous des auspices plus favorables.
Quel intérêt peuvent donc inspirer de tels

êtres, lorsque les lois les châtient, et leur
ôtent les moyens de nuire ? Aucun, à mon
avis ; et je dirai dans l'intime conviction où je
suis, qu'il n'est qu'un cerveau en démence
qui puisse soutenir une opinion aussi bizarre
et aussi extravagante, que celle que manifeste
aujourd'hui M. le Chef d'État-Major.

« Des proclamations, des promesses de par-
» don, ajoute-t-il, avaient fait rentrer dans
» leurs demeures, des malheureux que la hache
» a frappés depuis. »

Il est vrai, que par une proclamation affi-
chée dans toutes les communes du département,
on faisait connaître, que tous les individus qui
avaient pris part à la révolte du 8 juin, pouvaient rentrer dans leurs foyers, que protection
leur serait accordée, à la charge par eux de
rendre leurs armes, et de se présenter tous les
jours à la Mairie de leur commune respective
sous la surveillance de laquelle chacun était
placé.

Cette proclamation, et toutes celles qui furent faites après, exceptaient toutefois les chefs
de bande et les agens principaux de la révolte.
Néanmoins, plusieurs de ces derniers n'ayant
point été arrêtés, se constituèrent volontaire-
ment en prison. Deux qui se trouvaient dans

le dernier cas , furent condamnés à mort , et recommandés à la clémence royale ; l'un obtint une commutation de peine , et le pourvoi de l'autre fut rejeté.

Je ne vois point que les lois aient été violées , que l'humanité ait été en deuil , que la Cour prévôtale n'ait pas été la fidelle interprète de la loi , lorsqu'elle a condamné ; qu'elle puisse être accusée d'avoir mis de la légèreté dans l'instruction des procédures , d'avoir refusé aux accusés les moyens de faire valoir leur justification ; enfin , je défie que l'on puisse prouver qu'aucun individu qui ne fut pas reconnu éminemment coupable , ait été atteint.

Les lois ont été violées par la Cour prévôtale , continue toujours le déclamateur. Qu'il nous explique donc cette violation. Y a-t-il eu défaut de preuves dans l'instruction des procédures ? A-t-on jugé avec précipitation ? Y avait-il de l'obscurité dans les dépositions ? Que fallait-il donc pour éclairer la conscience des Juges de cette Cour ? Le tocsin , les coups de fusil , les tambours , le pillage , des voies de fait , les cris de révolte et d'anarchie , tout cela n'avait-t-il pas été vu et entendu ? était-ce des témoins isolés qu'on interrogeait ? Non , c'était un concours de plusieurs centaines d'individus; c'étaient des peuplades entières qui déposaient avoir reconnu, dans les bandes armées, leurs voisins, leurs amis, leurs compatriotes ; mais, comme si ce n'était pas assez de tous ces témoignages , c'était les accusés eux-mêmes qui avouaient les faits pour lesquels ils étaient en jugement. Et l'on viendra , en face de tout un département , en présence de toute la France, traiter un Tribunal de sanguinaire, pour n'avoir été que l'interprète modéré de la loi ! un Prévôt connu par sa fidélité et son attachement à son souverain , un Procureur du Roi , et un Président , aussi recommandables par leurs talens que par leur humanité , l'honneur de la magistrature Lyonnaise, seront traités comme les Fouquier-Thinville , les Dumas, les Coffinat ! un Lieutenant-Général, dont l'éloge est tout dans ses actions ; un Préfet, un Maire , occupés sans cesse à faire le bien, et à surveiller les perturbateurs de l'ordre public, seront gourmandés avec hauteur et suffisance ! et par qui ? par un fanfaron à épaulettes , par un homme qui, tout en nous vantant son amour de la paix et de l'humanité , ne cesse de jeter le trouble dans un département qui serait tranquille , je n'en doute pas , s'il ne l'eût pas souillé de sa présence, et infecté par ses libelles.

Que M. Fabvier nous explique pourquoi cette masse d'innocens n'a pu trouver grace aux yeux du Souverain ; comment sa bonté inépuisable, toujours prête à pardonner aux hommes qui ne sont qu'égarés, a vu pourtant des coupables dans les individus traduits devant cette cour ; pourquoi cette dernière ayant recommandé à sa clémence Nesme et Tavernier, condamnés à mort, la peine du premier a été commuée en une détention perpétuelle, et le pourvoi du second ayant été rejeté, il a été exécuté ? Qu'il nous dise donc encore comment, six mois après les événemens de Lyon, le Roi a accordé, il est vrai, des lettres de grace à trente-quatre individus, condamnés à des détentions de trois mois à deux années, et a cependant commué en des emprisonnemens d'un à cinq ans, les jugemens à la déportation, aux travaux forcés, et à une détention de cinq ans.

Il a donc été persuadé qu'elle avait existé cette conspiration, et que ceux qui avaient été punis comme accusés d'en avoir fait partie, étaient réellement coupables. S'il en eût été autrement à ses yeux, pense-t-on qu'il n'aurait pas pleinement amnistié tous les individus qui étaient encore dans les fers ? N'aurait-il pas révoqué le jugement de cette même Cour qui condamne à mort seize chefs de bande, qui n'ont pas cessé d'être poursuivis ? L'un d'eux, chef de la bande armée de Savigny, le nommé

Brancial, aurait-il été arrêté à Paris depuis peu de jours par la vigilance de la police, si l'intention du gouvernement était de ne regarder les événemens de Lyon que comme une trame abominable, imaginée par l'autorité, afin de perdre de malheureux paysans et des ouvriers ?

Les Canuel, les Chabrol auraient-ils obtenus, le premier un grade militaire supérieur au sien, et le second, une place de Secrétaire-d'Etat au ministère de l'Intérieur, si leur Souverain les eût jugés indignes de sa confiance ? Enfin, plusieurs Maires et adjoints, qui se dévouèrent pour sauver leurs communes du désordre ; plusieurs officiers et soldats de toutes les armes, auraient-ils reçu des décorations, s'ils eussent servi une faction ?

Voilà les questions pressantes que j'adresse à M. le Colonel Fabvier. Je sais bien que s'il suit toujours le même système qui semble l'avoir dirigé jusqu'à présent, il repoussera mes argumens par de nouveaux mensonges ; mais avec quelque adresse qu'il manie cette arme, la vérité percera toujours malgré les voiles dont il voudra l'obscurcir ; il n'en demeurera pas moins constant, aux yeux des gens les moins passionnés, que la conspiration qu'il traite de chimère, a existé à Lyon et sur plusieurs points du département du Rhône ; que des misérables de la lie du peuple, je le veux, y ont pris une part active, quoiqu'il y eût des meneurs puissans ; qu'elle a eu un commencement d'exécution, comme je l'ai expliqué plus haut ; que les autorités civiles et militaires ont tout fait pour en arrêter les progrès ; et enfin, que toutes les diatribes de M. le Colonel ne pourront point détruire l'opinion de la reconnaissance que leur doivent tous les habitans de ce département.

Je crois avoir rempli la tâche d'un bon Français, en réfutant les calomnies du chef d'état-major de M.gneur le Maréchal duc de Raguse ; je respecte celui-ci et la mission dont l'avait investi son Roi ; mais, à l'égard de l'autre, ses titres fastueux et ses rodomontades ne m'en imposent point assez pour que je craigne de lui exprimer ma pensée. L'indignation m'a engagé à écrire ; mais j'ai respecté la vérité : peu m'importe l'opinion que l'on aura de cet écrit ; je ne cherche à caresser aucun parti, je n'aspire à aucune place ; si l'on me juge sur l'intention, mon cœur ne me reproche rien.